# La fuerza de las ciudades

FranCisco Romero Gamarra

# La fuerza de las ciudades

Primera edición: abril del 2026

© Textos: FranCisco Romero Gamarra

© De esta edición:
Abacus Futur SL
Alisis
Carrer del Peu de la Creu, 4
08001 - Barcelona

Edición: Georgina Miró
Edición de producción: Mar Meruelo
Ilustraciones: Glàfira Smith
Diseño: Rookman
Fotocomposición y corrección: Moelmo y Natalia Cerezo
Impresión: QP Print

ISBN: 978-84-19968-68-5
DL: B 7434-2026

# Índice

# Introducción

A finales del siglo xx, internet cambió radicalmente cómo nos relacionábamos con el mundo. Por primera vez, cualquier persona podía conectarse con otra a miles de kilómetros y en cuestión de segundos. No era solo una innovación tecnológica, sino un cambio de mirada, de la forma de entender el mundo: el conocimiento podía fluir libremente y las fronteras, físicas y culturales, empezaban a difuminarse.

Para nosotros, jóvenes estudiantes de telecomunicaciones de los años noventa, internet era también sinónimo de esperanza. Nos parecía la fórmula que debía permitirnos construir un mundo más transparente, más justo, más colectivo. En su raíz, sobre la que se construiría internet actual, se encuentra un modelo fascinante, la arquitectura OSI (u Open Systems Interconnection), que ofrece un lenguaje común estructurado en siete niveles, lo que permite que diferentes sistemas se pongan de acuerdo, y que es profundamente similar al funcionamiento de la arquitectura política.

La OSI simboliza la esencia de todo lo que nos transmitía internet a los estudiantes de telecomunicaciones en aquellos lejanos años noventa: la voluntad de conexión y de progreso colectivo, la esperanza de superar fronteras y de reforzar las democracias. Es un símbolo que las corrientes tecnoautoritarias ignoran deliberadamente, ya que utilizan la tecnología con el fin de controlar y erosionar el funcionamiento de las instituciones, para servir exclusivamente al interés individual y sembrar el escepticismo en la sociedad.

Con este libro quiero volver a la esencia con la que se concibió internet, una herramienta que impulsara el progreso social y económico mediante una red abierta y facilitara el trabajo colectivo. Por eso lo he estructurado en siete capítulos, como los siete niveles de la OSI, un pequeño homenaje al marco conceptual tecnológico que fue referencia en el nacimiento de internet. Cada uno de estos niveles tenía una función clara:

1. Físico: es el soporte material (como los cables, la fibra óptica, las antenas o el aire).
2. Enlace de datos: organiza el intercambio de datos entre dispositivos.
3. Red: asegura el recorrido y el direccionamiento de la información.
4. Transporte: garantiza que los mensajes lleguen correctamente.
5. Sesión: abre, mantiene y cierra las conexiones entre aplicaciones.
6. Presentación: traduce los datos para que sean comprensibles.
7. Aplicación: es el nivel en el que interactúa el usuario.

Más adelante, la OSI se simplificó en cuatro niveles principales (físico, red, transporte y aplicación) que dieron lugar a la internet que conocemos hoy. Pero fue esa arquitectura primitiva la que me dio a entender que el secreto que realmente guardaba no era tecnológico, sino relacionado con la conexión. Al igual que ocurre con las ciudades y sus habitantes, la OSI solo funciona si sus niveles están unidos y cumplen su función.

Cuando pensamos en política, a menudo nos vienen a la cabeza grandes discursos, instituciones lejanas o conflictos que parecen muy distantes de nuestra vida cotidiana. Pero lo cierto es que la política de verdad, la que transforma, tiene lugar a pie de calle, en las ciudades y pueblos. Es en estos espacios donde surgen las necesidades más acuciantes, donde la diversidad convive cada día y donde podemos comprobar si las decisiones mejoran realmente la vida de la gente. Como la OSI, la clave de su funcionamiento no está en niveles estratosféricos por su lejanía, sino que está mucho más cerca, en la base: en el tejido de nuestras calles y barrios.

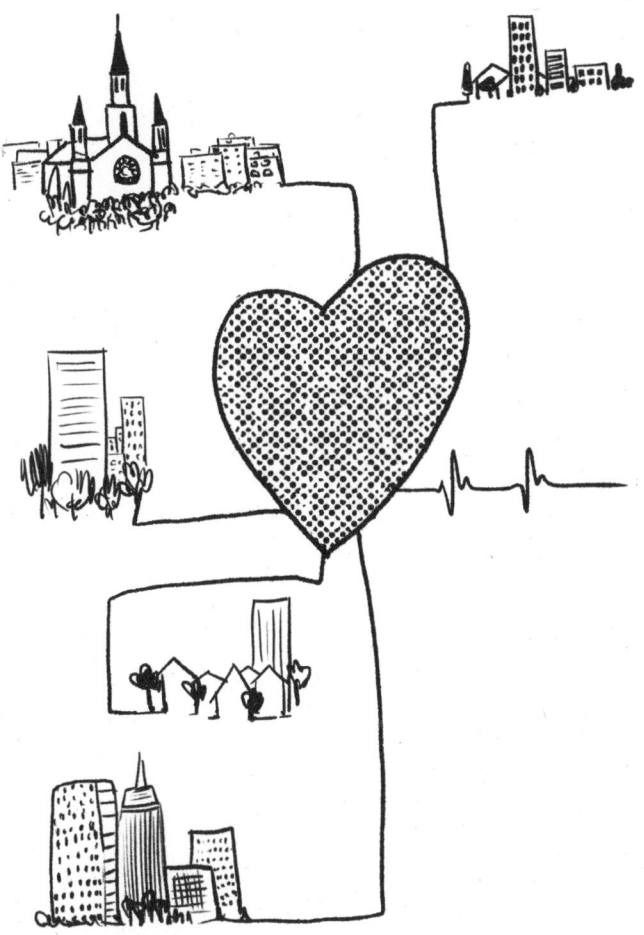

La política de verdad sucede a pie de calle. Las ciudades son los latidos de un corazón que mueve el mundo y que, a su vez, nutre el futuro que queremos construir juntos.

# 1. Nivel físico. El municipalismo como esperanza

*Como en el nivel físico del modelo OSI, el municipalismo se asienta en una base material sin la cual nada funciona. Los barrios, las calles, las plazas y los equipamientos son los cables y las antenas de la vida colectiva, el espacio donde la política deja de ser abstracta y se convierte en tangible. Sin ese soporte físico no hay comunidad posible. Es en esta capa básica, a menudo invisible pero imprescindible, donde empieza todo.*

## Los Juegos, una transformación vital y de ciudad

Crecí en el corazón de uno de los barrios más acogedores de Vilafranca, un cruce de culturas y de acentos, uno de esos espacios donde la convivencia se construye día a día. Las fiestas compartidas en la calle, los juegos en las plazas, las conversaciones a pie de portal o en el mercado, me enseñaron que la vida no se entiende sin comunidad, porque la comunidad nos permite crecer juntos, aprender unos de otros y descubrir que la diversidad no divide, sino que enriquece.

De mis padres también aprendí una valiosa lección: que no debemos olvidar las raíces ni la memoria para proyectar el futuro de una comunidad. Por eso me gusta evocar la figura del poeta Federico García Lorca, que procedía de la misma ciudad que mis padres, Granada, y los veranos de mi infancia con la abuela Emilia, María y el abuelo Francisco, de quien llevo el nombre.

Viví más de dos décadas en este barrio de Vilafranca, allí aprendí que los barrios son laboratorios de talento y de convivencia. Generación tras generación, en los barrios crecen personas que con su esfuerzo aportarán conocimiento, creatividad y progreso a la ciudad de mañana. Cuando hablo de municipalismo, me refiero a esto: a la fuerza que surge de abajo arriba, del tejido cotidiano que construye la ciudad, porque la ciudad crece cuando el talento individual se pone al servicio de la comunidad.

Asimismo, mi vocación por el servicio público no nació de un libro ni de un acontecimiento académico, sino de una experiencia vital cuando tenía dieciocho años. Corría el año 1992 y Barcelona se preparaba para mostrarse al mundo con unos Juegos Olímpicos que no solo transformaron la ciudad, sino que establecieron un nuevo modelo de municipalismo. Aquella Barcelona olímpica, capaz de marcar la agenda global, nos enseñó que una ciudad puede convertirse en un motor de cambio, un ejemplo de innovación y un referente internacional.

El liderazgo del alcalde de entonces, Pasqual Maragall, fue determinante. Maragall entendió que los Juegos eran una oportunidad histórica para repensar la ciudad y situarla en el mapa mundial. La apuesta no se centró únicamente en grandes instalaciones, sino en una transformación profunda del espacio urbano: la apertura de la ciudad al mar, la rehabilitación de los barrios con el famoso «Barcelona, ponte guapa», la renovación de infraestructuras y el refuerzo de la cohesión social. La ciudad podía ser mucho más que un espacio administrativo y se convirtió en una plataforma capaz de conectar culturas, de inspirar cooperación y de generar confianza en el futuro. Era la prueba palpable de que una ciudad, con visión y determinación, podía situar al municipalismo en el centro del debate internacional.

Aquel espíritu olímpico es todavía hoy un referente para entender qué significa el municipalismo. Tras Barcelona, otras muchas ciudades trataron de seguir este camino, como Manchester, Bilbao y ciudades de Latinoamérica que vieron en el ejemplo barcelonés un modelo para transformarse y conectarse al mundo.

Ese mismo año, en 1992, empecé mi carrera como ingeniero de telecomunicaciones. La tecnología abría ventanas insospechadas de conexión y de comunicación, y, cuando empecé la universidad, me adentré en el mundo de internet con la fascinación de quien descubre un lenguaje universal. Internet había nacido con una vocación cooperativa, la de ser una red abierta para compartir conocimiento, facilitar el trabajo colectivo e impulsar el progreso social y económico. Más adelante he aplicado las tecnologías en distintos ámbitos. En el universitario, como investigador y profesor, y en el empresarial, trabajando más de veinticinco años en equipos internacionales y multidisciplinares en la multinacional IBM.

Más allá de los avances técnicos, lo que realmente me cautivaba de la tecnología era la posibilidad de ponerla al servicio de las personas. Esta combinación de ciudades que marcan rumbo y tecnología que conecta fue otra de las chispas que encendieron mi vocación política. Empecé a interesarme por el municipalismo, y hoy más que nunca estoy convencido de que el futuro de nuestras sociedades depende de la fuerza de las ciudades.

Profundizar en conocimientos tecnológicos sin perder de vista mi vocación municipal me permitió descubrir que las posibilidades de hacer frente a los retos globales desde el mundo local eran ilimitadas. También entendí por qué las ciudades son nuestra esperanza ante un mundo lleno de desigualdades. Necesitamos un cambio de rumbo. Debemos recuperar el espíritu de Barcelona 92, cuando demostramos que desde la innovación, la cooperación y la convivencia éramos capaces de inspirar al mundo. Con la ayuda de las tecnologías, tal y como ya experimentamos en la sociedad del conocimiento y en el hermanamiento entre ciudades, podemos empezar una nueva etapa. Lo que se inició entonces fue solo el primer capítulo de un proceso que todavía estamos construyendo, el del municipalismo como respuesta a los retos globales.

## El futuro comienza en la ciudad

Vivimos una época marcada por conflictos y liderazgos populistas, con un planeta más desigual y dañado ambientalmente. La crisis financiera de 2008, el impacto de la pandemia y el cambio climático han derivado en sociedades más frágiles y polarizadas. Los organismos internacionales no dan respuestas satisfactorias, y las grandes corporaciones aprovechan este escenario para reforzar un modelo económico y político que acentúa aún más las desigualdades y que desgasta el bien común. Pero aquí es donde emerge con fuerza el municipalismo.

En distintas ciudades del mundo vemos emerger liderazgos municipales que ponen el foco en la proximidad, la justicia social y la sostenibilidad. La victoria del nuevo alcalde de Nueva York, Zohran Mamdani, en noviembre de 2025, es un indicador de lo que quiero manifestar. Este avance del municipalismo ha impactado de lleno con la administración de Trump, que ha reaccionado llevando a cabo intervenciones en ciudades como Portland, un golpe directo a la autonomía municipal.

La política y el municipalismo son un puente entre las raíces y el futuro, la proximidad y la red. Con esta idea en mente, el verano de 2018 escribí *Política 4.0 para millennials*, un ensayo que quería remover conciencias y conectar el municipalismo con el mundo para ser capaces de responder a los retos globales desde la proximidad. Aquel libro sembró la semilla de un camino que continuaría años después desde la alcaldía.

El 17 de junio de 2023 fui nombrado alcalde de Vilafranca del Penedès. Pasé la noche electoral en casa, con la familia, y con este nombramiento empezó una etapa cargada de esperanza y de compromiso. Inicié el discurso de investidura con una pregunta que condensaba toda la ilusión del momento: «¿Quién dice que los sueños no se pueden alcanzar?». Era más que un lema, era la convicción de un proyecto para mejorar la vida de mis vecinos y vecinas, a la vez que quería aportar mi granito de arena para construir un mundo mejor.

Después de unos años como alcalde, puedo asegurar que los retos globales se reflejan directamente en nuestros barrios y ciudades. El futuro requiere coraje, valores y convicción, y creo que en la proximidad es donde podemos empezar el cambio. Porque las ciudades son espacios donde la democracia se aplica de verdad. Es aquí donde las decisiones se traducen en cambios tangibles: una plaza renovada, un equipamiento cultural, un programa de vivienda, una iniciativa para mejorar la convivencia. El municipalismo y la gobernanza local son la plataforma que permite conectar la política con la vida real.

Debemos creer en la fuerza de las ciudades, la herramienta que nos permitirá construir el futuro que deseamos. Por eso, este libro desea ser una reflexión y, al mismo tiempo, una invitación para ponernos manos a la obra.

Debemos recuperar el espíritu de Barcelona 92, un super-poder que siempre hemos llevado dentro y que es el impulso que necesitamos para avanzar.

## 2. Nivel enlace de datos. Cuando la autocracia avanza, el municipalismo resiste

*El segundo nivel de la OSI, enlace de datos, posibilita el intercambio de información entre dispositivos: los nodos se reconocen, establecen unas normas mínimas de coordinación y garantizan el funcionamiento del sistema con una capa de resistencia. Del mismo modo, el municipalismo opera en el espacio más inmediato de las comunidades, permite que las ciudades compartan códigos comunes y teje una red capaz de resistir las corrientes autocráticas.*

Vivimos tiempos convulsos. El verano de 2025 estuvo marcado por la irrupción de liderazgos que ponen en cuestión la base misma de la democracia. Donald Trump ha vuelto a primera línea, y sus decisiones han tenido un impacto directo en la gobernanza de las ciudades, como ha ocurrido recientemente en Portland, Chicago o Washington D. C. En Portland, por ejemplo, una alcaldía que conocí de primera mano al trabajar en ella, la acción deliberada e injustificada de Trump ha alterado la vida de la ciudad para impulsar su modelo autocrático y neutralizar la acción municipal.

Pero el de Estados Unidos no es un caso aislado. En Hungría, Polonia y en otros países, los populismos autoritarios se han consolidado como modelos de gobierno que utilizan una apariencia de democracia formal para vaciarla de sus contenidos esenciales.

Los líderes de este tipo de autocracias suelen defender la no intervención del Estado y, con el argumento de la libertad individual, debilitan los servicios públicos y ponen en crisis los pilares del estado del bienestar. Tienen un patrón común: buscan diferencias, identifican enemigos y alimentan conflictos. En lugar de construir, dividen. En lugar de tejer comunidades, levantan muros. En realidad, son *hackers* del sistema que aprovechan las vulnerabilidades de las instituciones para imponer sus reglas. Además, la pasividad y la impotencia de unos organismos internacionales desconectados les proporciona un terreno abonado para crecer.

Estas dinámicas tienen un impacto directo en el estado de bienestar. Cuando la educación y la sanidad dejan de ser universales, cuando la seguridad social pasa de ser un derecho colectivo a convertirse en el privilegio de unos pocos, las desigualdades se acentúan y la cohesión social se quiebra. La experiencia muestra que el progreso social y económico es realmente transformador cuando no se deja a nadie atrás. En este sentido, la socialdemocracia, con todas sus limitaciones, se ha erigido como herramienta más efectiva para garantizar oportunidades y reducir la vulnerabilidad. Su desplazamiento por modelos que fomentan la división y el miedo supone un gran riesgo para la supervivencia de los sistemas de protección colectiva.

Sin embargo, en estos escenarios hay espacios que resisten: las ciudades. Las plazas, las escuelas, los comercios de barrio, los parques donde la gente se encuentra y convive, siguen siendo ágoras donde la vida colectiva se despliega en toda su complejidad. Es en ese terreno tangible, lejos de los discursos abstractos de los despachos estatales, donde la democracia se practica como una experiencia cotidiana y verificable.

Esta aplicación práctica de la democracia es la clave del municipalismo, puesto que es una interpelación directa a las personas y las invita a activarse. Cuando una ciudad impulsa políticas de vivienda digna, contra el cambio climático o de convivencia intercultural, no solo responde a necesidades inmediatas de su población, sino que genera proyectos que pueden adaptarse y aplicarse más allá de su territorio. Si actúan en red, las ciudades tienen la capacidad de resistir el avance de la autocracia y, sobre todo, de proponer alternativas viables.

En este sentido, si las ciudades no actúan de forma aislada, pueden convertirse en nodos de una red global de cooperación. Las infraestructuras físicas y las herramientas digitales de esta red pueden dialogar con el fin de construir un círculo virtuoso que permita el progreso compartido.

Así, se construiría un espacio donde la cooperación sustituiría el miedo y donde el talento colectivo desplazaría los privilegios de unos pocos y la exclusión.

Para resistir a las dinámicas autocráticas tampoco debemos olvidar experiencias previas como la que nos brindó Barcelona 92, de la que hemos hablado en el capítulo anterior. Aquel espíritu abierto, cooperativo y capaz de proyectarse globalmente sigue siendo un referente que debemos recuperar.

Pero ninguno de estos procesos es posible sin las personas que trabajan para que salgan adelante. En este sentido, me gusta adaptar el concepto IBMer, que hace referencia a los trabajadores y trabajadoras que con su dedicación y trabajo han construido esta empresa a lo que es hoy, y referirme a los *municipaliers*, es decir, ciudadanos y ciudadanas comprometidos con mejorar su ciudad desde la proximidad.

A diferencia de las autocracias, que dividen y fabrican enemigos, los *municipaliers* unen y construyen comunidades. Con el apoyo de la tecnología y la interconexión, estas acciones locales pueden ampliar su alcance y llegar a convertirse en una onda expansiva que impacte a escala global.

Ante estos retos, es necesario recuperar el rumbo. El municipalismo puede convertirse en un lenguaje común que permita que las ciudades se unan para afrontar cuestiones como el cambio climático, las desigualdades, la pérdida de cohesión y la ralentización del ascensor social. Todas las ciudades comparten necesidades y pueden encontrar respuestas en común.

El municipalismo no es una ideología, sino un marco práctico universal basado en elementos concretos y tangibles. Precisamente por eso es la respuesta que permitiría conectar comunidades y construir alternativas viables a las derivas autoritarias. Porque ya hemos visto que, cuando las ciudades se activan y se conectan, pueden transformar el mundo.

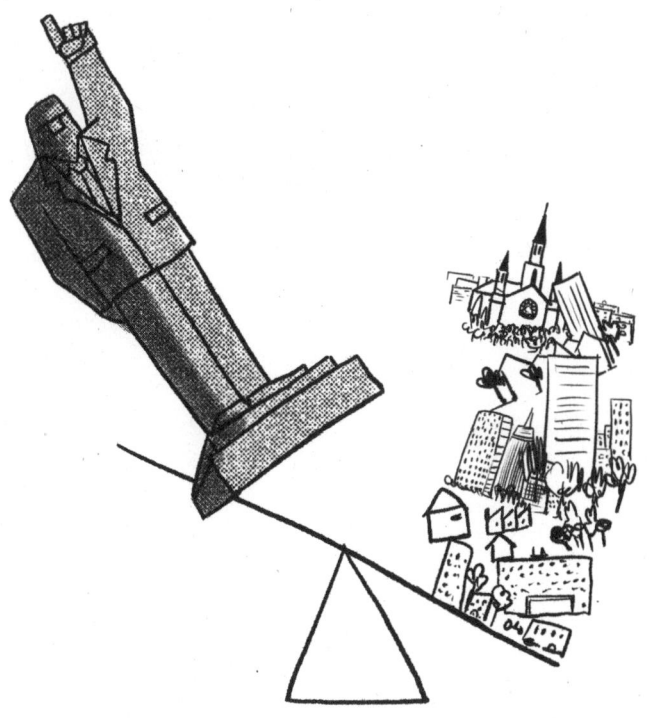

El municipalismo es un lenguaje universal capaz de conectar comunidades y construir alternativas para resistir a las corrientes autoritarias. Con la fuerza de las ciudades conseguiremos derribar el autoritarismo, porque las ciudades hacen caer a los matones.

# 3. Nivel red. La analogía de internet

*El nivel red de la OSI determina las rutas para que la información circule entre redes distintas. Del mismo modo, las ciudades prosperan cuando sus habitantes establecen vínculos y comparten información.*

## Cuando la fuerza reside en la conexión

Las ciudades son red, estructuras de capas que solo prosperan cuando cada nivel se conecta con los demás. Y, al igual que podemos extrapolar el funcionamiento del municipalismo a la arquitectura OSI, también podemos establecer una analogía con las ciudades y los cuatro niveles en los que se estructura la red moderna. Es lo que llamo la *analogía de internet*:

1. Físico: son las calles, plazas e infraestructuras.
2. Red: es la conexión entre barrios y ciudades.
3. Transporte: lo constituyen la movilidad de las personas, los productos y las ideas.
4. Aplicación: en este nivel la vida comunitaria se hace visible mediante las iniciativas concretas que dan sentido a la comunidad (como educación, cultura, comercio o vivienda).

Cuando los niveles funcionan en sintonía, las ciudades florecen. Cuando se desconectan, emergen la pérdida de participación ciudadana, tecnologías que no responden a las necesidades reales, modelos económicos especulativos, la concentración de poder y una creciente desigualdad. Esta lectura refuerza también la idea de que la tecnología, clave en el progreso de las ciudades, no es neutra, es un acelerador capaz de empujar tanto hacia el progreso compartido como hacia la fractura social.

La red, como aprendí con la lectura de *La galaxia internet*, de Manuel Castells, no solo es un invento tecnológico, sino que constituye una estructura capaz de transformar las relaciones sociales, económicas y políticas. Llegué a la conclusión de que sistemas diferentes pueden cooperar si comparten unas reglas básicas, algo que me marcó profundamente.

Más adelante, trabajando en IBM y en equipos internacionales, me percaté de que esta idea podía llevarse a la práctica. Las ciudades, entendidas como sistemas complejos, pueden transformarse si los niveles están bien articulados. Pero para ello no solo son clave las tecnologías, también lo son las personas. Los *municipaliers*, que creen que el mundo puede cambiarse desde la ciudad, son chispas que encienden el progreso local y global conectando infraestructuras, ideas y proyectos para convertir cada capa urbana en un motor de transformación.

La analogía de internet nos recuerda que la fuerza reside en la conexión. Como una red digital, las ciudades prosperan cuando cada nivel funciona en armonía con los demás. Y es ahí, entre calles y plazas, pantallas y comunidades, donde el municipalismo encuentra su fuerza y transforma experiencias locales en respuestas globales.

## De la teoría a la práctica: tres modelos de acción transformadora

Veamos tres ejemplos sobre cómo la teoría puede convertirse en acción real: el caso de Portland y su sistema de sistemas; la campaña de Obama, basada en el modelo *grassroots*, y Labdoo, una muestra de la fuerza del voluntariado organizado en red.

### *Portland, una de las primeras aplicaciones de la arquitectura de internet a escala de ciudad*

A principios de los años 2000, Portland (Oregón), conocida por su liderazgo en planificación urbana y sostenibilidad, fue pionera explorando enfoques inspirados en la lógica de internet a la hora de desarrollar su planificación urbana. La ciudad se analizó bajo el concepto de *system of systems*, que entiende la movilidad, la energía, la vivienda, la seguridad pública y otros ámbitos como partes interconectadas de un mismo sistema. Este enfoque fue uno de los precedentes de lo que más adelante se conocería como *smart city*.

Así, Portland estableció un modelo similar al esquema de los cuatro niveles de internet que comentábamos más arriba:

1. Físico: integraba los puentes y la red eléctrica.
2. Red: la constituían rutas y conexiones.
3. Transporte: incluía la gestión de las rutas y de la movilidad.
4. Aplicación: se refería a los servicios al usuario, aplicaciones y webs, y la colaboración entre departamentos.

El resultado fue un modelo de ciudad capaz de interactuar con la economía, la educación, el transporte, la salud, la vivienda y los servicios públicos. Esta herramienta permitía planificar políticas a largo plazo para controlar el crecimiento de la ciudad y mantener un alto nivel de vida sin impactar negativamente en el medio ambiente.

Portland

Durante mi etapa en IBM, visité Portland en dos ocasiones y vi de primera mano cómo la teoría se traducía en realidad. La empresa llevó a cabo talleres con dieciocho agencias gubernamentales y más de setenta y cinco expertos locales, junto con investigadores de la Universidad Estatal de Portland, recopiló diez años de datos para construir un modelo que proporcionó a los responsables municipales mapas interactivos y simulaciones mediante un portal web.

Portland demostró que el municipalismo, combinado con tecnología y datos, puede convertirse en un acelerador de sostenibilidad y progreso. La tecnología sirve para facilitar el acceso de la ciudadanía a la información y el conocimiento con agilidad y equidad, por lo que puede ayudar a reducir las desigualdades. Tras conocer el caso, trabajé varios años con equipos internacionales e interdisciplinares para aplicar esta metodología a ciudades europeas. Utilizábamos el método *innovation discovery*, que reunía a actores públicos y privados para detectar proyectos y poner en marcha iniciativas que seguían el modelo de sistema de sistemas.

Mientras redactaba este capítulo, la administración Trump anunció su voluntad de desplegar tropas federales en Portland. Según informó *The Oregonian* en septiembre de 2025, el estado presentó una demanda para bloquear esta intervención, que considera una intromisión en la autonomía local.

En medio de este contexto, reanudé el contacto con el equipo de la alcaldía para transmitirles mi apoyo, y me respondieron animándome a presentar este ensayo a las ciudades que han sido intervenidas. Para mí, este intercambio representa una confirmación de que el municipalismo puede convertirse en un lenguaje común para resistir los embates del autoritarismo y defender la democracia desde la proximidad.

## La campaña grassroots de Obama, un movimiento basado en el trabajo en red

Cuando Barack Obama se presentó por primera vez a la presidencia de Estados Unidos, en 2008, su campaña fue una auténtica revolución política. Utilizó internet y las redes sociales para movilizar desde la raíz, barrio a barrio, como si cada comunidad fuese el nodo de una gran red.

Este método se llama movimiento *grassroots*, a menudo traducido como 'movimiento de base'. Se refiere a las iniciativas políticas y a los movimientos sociales que surgen espontáneamente en la base ciudadana, y no en las estructuras centrales del poder. En lugar de imponer un mensaje desde arriba, en los movimientos *grassroots* son los propios ciudadanos quienes impulsan las iniciativas mediante acciones propias y autoorganizadas que impactan a escala local, nacional o internacional, otra muestra de la importancia del trabajo en red.

En el caso de Obama, la campaña se tradujo en miles de voluntarios que creaban grupos locales, organizaban encuentros en casas o barrios y se coordinaban con webs y redes sociales. La tecnología era clave para transmitir un mensaje de esperanza, de cambio y de participación.

Después de haber visto cómo internet podía influir en la redefinición de empresas, ciudades y comunidades, me fascinó comprobar que también podía transformar la política. Años más tarde, me inspiré para diseñar la campaña municipal de 2023 con el lema *Força Vilafranca* (Fuerza Vilafranca), que siguió la misma estrategia de red y proximidad.

## Cuando la tecnología se pone al servicio del tecnoautoritarismo

La historia de internet también tiene un lado oscuro. Lo que había nacido como una herramienta de cooperación y de intercambio abierto, que facilita el nacimiento y la organización de los movimientos *grassroots*, con demasiada frecuencia se ha utilizado para consolidar monopolios tecnológicos y para alimentar discursos populistas y simplistas. Como resultado, esto ha aumentado las desigualdades digitales y ha debilitado las instituciones democráticas.

En lugar de ser un instrumento para unir, internet ha acabado convirtiéndose demasiadas veces en un acelerador de egoísmos.

Un buen ejemplo de esta deriva es el contraste entre el modelo *grassroots* y el uso que líderes como Donald Trump han hecho de las redes sociales. Así como el primero conecta con la base social, fomenta el crecimiento de apoyos desde la proximidad y utiliza la tecnología para unir comunidades y superar diferencias, Trump ha subvertido esta lógica. Se ha aprovechado de la crisis del sistema y de la desconexión entre las capas que sostienen a la sociedad (como la fractura de la clase media y trabajadora, la pérdida de confianza en las instituciones o el aumento de las desigualdades) para construir un discurso que explota estas vulnerabilidades.

En este caso, las redes se convierten en altavoces de *fake news* y de mensajes polarizadores: no fortalecen el tejido social, lo descomponen. Es una forma de actuar propia de un *hacker*, es decir, alguien que conoce las debilidades del sistema y las explota en beneficio propio. Trump y otros liderazgos similares han sabido distorsionar el modelo digital y social para imponer su relato. La finalidad no es proponer un sistema alternativo ni un modelo sostenible de futuro, sino simplemente fragmentar para consolidar su poder.

Una de las mejores defensas contra estos liderazgos es, precisamente, el modelo *grassroots*. Un movimiento ciudadano, arraigado y conectado, desbarata las estrategias basadas en la desinformación y la polarización.

Por otra parte, las grandes empresas tecnológicas juegan un papel importante en esta deriva cuando apoyan a los líderes autócratas. Esto transforma la arquitectura inicial de internet y la sociedad de la información en sistemas centralizados que controlan servicios esenciales.

Estas empresas, que podemos considerar tecnoautoritarias, también pueden moverse con soltura en democracia controlando la información y el conocimiento. Utilizan la tecnología para apoyar sus modelos de gobernanza, monopolizando la información y el conocimiento con el objetivo de conseguir el máximo beneficio económico a cualquier precio, pasando por encima incluso de la democracia.

Esta lógica puede llegar a filtrarse en las democracias, que van tolerando tics autócratas sin que seamos demasiado conscientes de ello, y que fomentan una sociedad con cada vez más desigualdades, menos derechos y una pérdida de confianza progresiva en el futuro. Es un círculo vicioso al que se ve arrastrada la juventud, que cada vez confía menos en los servicios públicos.

La respuesta a estos retos yace en el trabajo en red y de las ciudades, que deben volver a la esencia de la arquitectura de internet, que fomenta una ciudadanía activa y con espíritu crítico. Es en las ciudades donde se concentran los datos y la información real que deben ayudarnos a despertar de esta hipnosis digital en la que el movimiento tecnológico, en silencio, nos ha ido sumiendo.

*Un nuevo concepto de ONG: Labdoo*

Labdoo es un proyecto que combina la tecnología con la solidaridad y que para mí tiene un valor especial. Su impulsor es mi amigo Jordi Ros, con quien he compartido numerosas vivencias desde la infancia. Nos conocimos en el campeonato local de ajedrez, en el que participamos representando a nuestras escuelas. En la mía, teníamos un profesor de matemáticas apasionado por el ajedrez, y en casa también jugábamos a menudo. El ajedrez fue uno de mis primeros lenguajes compartidos de amistad y aprendizaje.

Con Jordi (con quien también realizamos el proyecto de final de carrera en el CSIC - Instituto de Robótica Industrial) tejimos una red de amistades con otros compañeros del barrio, como Jose o Esther. Éramos el «club telecos de las R», como nos bautizó nuestro amigo y profesor de secundaria Fonxo. Esta red aún hoy me inspira a creer en la fuerza del municipalismo y en la capacidad de transformar el mundo desde la proximidad.

En verano de 1999 visité a Jordi en California, que completaba su formación en una universidad americana y ya empezaba a adentrarse en los programas de desarrollo tecnológico basados en internet. Esa experiencia, sumada a su inquietud por el impacto social —una pasión que siempre hemos compartido—, fue el origen de una iniciativa extraordinaria: Labdoo.

El funcionamiento de Labdoo es tan sencillo como poderoso: dar una segunda vida a los ordenadores portátiles y trasladarlos a escuelas de todo el mundo. Todo esto sin presupuesto económico, solo con la fuerza de voluntarios organizados en red a través de nodos y *hubs*. Esta lógica, que vuelve a inspirarse en el modelo conceptual de internet, permite que ordenadores en desuso se transformen en nuevas oportunidades educativas en los países en vías de desarrollo.

Hoy Labdoo está presente en más de ciento cincuenta países y ha recibido reconocimientos internacionales en el ámbito de la cooperación y la solidaridad, aunque el dato más ilustrativo es que ya han logrado ayudar a más de un millón de niños de todo el mundo. Su éxito demuestra que la tecnología puede ser un auténtico acelerador de justicia social si se pone al servicio del bien común. Y también nos recuerda que la red funciona sin depender de grandes recursos económicos, un elemento vital en un mundo inmerso en un contexto político cambiante que puede poner en cuestión iniciativas solidarias.

## El círculo virtuoso de internet

Internet nos ha legado una gran lección: la información compartida puede generar progreso. Cuando los sistemas se conectan, se activa un círculo virtuoso. Pero la sociedad del conocimiento no consiste solo en disponer de datos y de información, también hay que saber utilizarlos para mejorar la vida de las personas.

La clave que debemos trasladar a las ciudades, pues, es que debemos compartir experiencias, aprender unos de otros y construir soluciones conjuntas. Si las ciudades, grandes o pequeñas, comparten retos comunes con un lenguaje compartido, se unirán y fortalecerán. Con internet y el trabajo en red, tenemos al alcance un flujo constante de información, conocimiento y experiencias que podemos convertir en iniciativas transformadoras.

La realidad física de calles y plazas debe dialogar con la realidad digital de datos y redes. Solo así podremos salir del círculo vicioso de ineficacia, desigualdad y destrucción ambiental en el que nos encontramos. Al igual que internet conecta millones de máquinas distintas, el municipalismo puede conectar millones de personas y ciudades muy dispares.

Disponemos de las herramientas para hacerlo. El reto es utilizarlas con una mirada colectiva y sostenible.

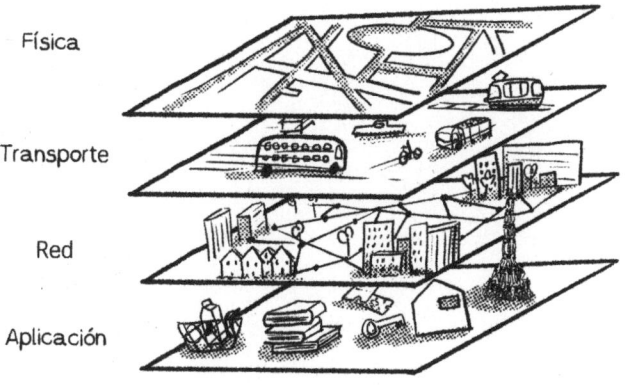

Física

Transporte

Red

Aplicación

La arquitectura en niveles de internet es una analogía poderosa: las ciudades también pueden conectar a millones de personas y experiencias locales para dar respuestas globales.

# 4. Nivel transporte. Fuerza, equilibrio, valor y *seny* (prudencia y sentido común)

*El nivel de transporte de la OSI garantiza que la información llegue de forma fiable y completa gracias a la coordinación entre nodos y al control de errores. Como en la tradición de los* castells, *en la que se construyen espectaculares torres humanas, entran en juego la fuerza, el equilibrio, el valor y el* seny, *es decir, la prudencia y el sentido común, los principios que permiten que una estructura resista y cumpla su función.*

Hemos ido diciendo que lo que llevamos a cabo a escala local puede replicarse a escala universal. Si en una ciudad se logra coordinar servicios y movilidad, otras naciones también pueden hacerlo si cooperan. Un lenguaje sencillo, comprensible y compartido permite conectar ciudades con caracteres diferentes y trabajar colectivamente para afrontar los grandes retos globales de nuestro tiempo, como el cambio climático, la cohesión social o la transición digital.

Estos retos pueden parecer inalcanzables cuando se abordan desde la lógica de los estados o de las grandes instituciones internacionales. Para que sean más manejables, hay que entenderlos como un mosaico en el que cada pieza es una experiencia local o una iniciativa compartida que contribuye al conjunto.

El municipalismo nos recuerda que, como internet, el poder no está concentrado en un único centro, está distribuido en una red de nodos. Y cada nodo —cada ciudad, cada barrio— tiene un papel fundamental en el progreso colectivo. La fuerza reside en la conexión, en la capacidad de aprender y de replicar buenas prácticas, en poner la innovación y la solidaridad al servicio de todos.

En términos de la arquitectura de internet, esta es la función del nivel de transporte: asegurar que la información y las experiencias no solo circulen entre nodos, sino que lo hagan de forma fiable, comprensible y replicable. Este funcionamiento está muy presente en una de las tradiciones más queridas de Vilafranca: los *castells*.

## La tradición *castellera* como fuente de inspiración

El 30 de agosto, día de San Félix, la ciudad de Vilafranca se llena de una energía casi eléctrica. Durante mi primer día como alcalde, viví con orgullo la llegada a la plaza de la Vila, la plaza principal de Vilafranca y plaza *castellera* por excelencia, donde actúan las mejores *colles castelleras*, es decir, los grupos que levantan *castells*, del momento.

Una de las razones por las que los *castells* son patrimonio cultural inmaterial de la humanidad es que nos transmiten valores universales. Cada intento, cada éxito y cada derrumbe contienen una lección colectiva. Son una metáfora viva de la sociedad que queremos construir, y nos ense-

ñan que solo juntos podemos llegar hasta donde nos propongamos.

Un *castell* solo se sostiene si respeta cuatro
principios fundamentales, los mismos pilares
que pueden guiar la política y el municipalismo
del futuro: fuerza compartida, equilibrio entre
diferencias, valor para asumir riesgos y *seny* para
tomar decisiones acertadas.

### Fuerza

La fuerza de un *castell* nace de la piña, la base
de personas que lo sostienen. Representa el
espíritu colectivo, construido desde abajo, en
el que cada persona cuenta. En política, esa
fuerza se traduce en cohesión social y sostenibilidad.

Sin cohesión, los proyectos se derrumban;
sin una mirada sostenible, el futuro se desvane-
ce. Nuestra piña es garantizar la cohesión entre
barrios, actuar con criterios de sostenibilidad,
cuidar el espacio público y generar confianza y
tranquilidad ciudadana.

La fuerza también significa recuperar y reforzar los vínculos y los hermanamientos entre ciudades. Apoyándonos en otras ciudades podemos replicar los logros locales a escala global.

### Equilibrio

Sin equilibrio, el *castell* se derrumba. En la vida colectiva, el equilibrio significa estabilidad y resiliencia, la capacidad de afrontar retos, de sostener proyectos a lo largo del tiempo y de adaptarse a los cambios sin perder de vista hacia dónde nos dirigimos. Por eso es imprescindible construir redes realistas y estables, capaces de levantar proyectos locales con proyección global. Con este equilibrio podemos resistir los embates de discursos populistas, que dividen, frenan el progreso y quieren derribarnos.

Y, si el *castell* se desploma, no hay que desfallecer. Es necesario volver a armarlo con más determinación, aplicando los aprendizajes que hemos adquirido y con la voluntad de llegar más arriba.

*Valor*

Para empezar a trepar es necesario tener valor, la decisión de dar el paso a pesar de conocer el riesgo. En política, el valor es atreverse a impulsar transformaciones necesarias como rehabilitar viviendas, fortalecer el comercio local y los productos de proximidad o reforzar la gobernanza local. Son decisiones que exigen determinación, pero que cuando se construyen en red pueden generar cambios reales y duraderos.

Sin valor, nos quedamos a pie de plaza, incapaces de avanzar; con valor compartido, podemos empezar a ascender.

Seny

El *seny*, como el sentido común, guía cada paso y evita que el valor se convierta en temeridad. En política, significa actuar con responsabilidad y prudencia, aprender de los errores y saber trabajar en equipo. Sin perder nunca de vista metas viables a corto plazo, también hay que fijar objetivos a medio y largo plazo.

El *seny* también permite entender que, aunque solo se avanza más rápido, en equipo se llega más lejos.

En definitiva, el *seny* garantiza la cohesión de los equipos dentro de la ciudad y la solidez de las alianzas entre ciudades, porque con la cabeza fría y una mirada compartida podemos construir el futuro.

## Cuando un *castell* se derrumba

Solo con fuerza, equilibrio, valor y *seny* podemos levantar estructuras que parecían imposibles. Quienes participan en los *castells* saben que, tarde o temprano, un *castell* puede derrumbarse. Y también saben que al día siguiente hay que volver a levantarlo, una resiliencia que forma parte del alma *castellera* y que debemos interiorizar como sociedad.

En los últimos años, hemos visto que nuestro «*castell* global» se ha debilitado. La crisis financiera y las políticas de austeridad ralentizaron el ascensor social, la pandemia puso a prueba nuestra capacidad de cooperación, y los discursos populistas y simplistas han erosionado la confianza colectiva, mientras que las crecientes desigualdades han erosionado el progreso compartido.

Los *castells* nos enseñan que cada caída es una oportunidad para aprender. Cuando un *castell* se derrumba, la *colla* analiza qué ha fallado, revisa los cimientos y vuelve con más fuerza, equilibrio, valor y *seny*. Debemos tener esa misma actitud ante los retos globales. No hay que resignarse, hay que aprovechar cada crisis para repensar el modelo y reconstruirlo con más solidez.

Hoy puede parecer que nuestro *castell* colectivo se ha desmoronado, pero todavía tenemos la piña. Si sabemos escuchar, actuar y transformar, podremos volver a levantarlo. Y no solo será más alto: será más fuerte, más equilibrado y más inclusivo. Porque, al igual que en la plaza, lo que cuenta no es solo coronarlo, sino demostrar que, incluso después de caer, somos capaces de volver a levantarnos juntos.

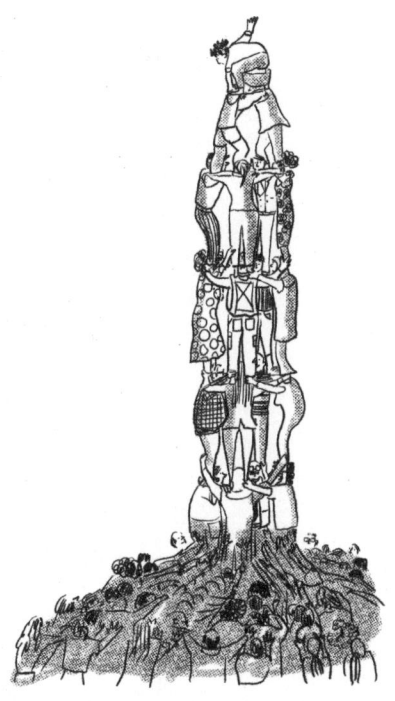

Para levantar la sociedad local y global, debilitada por las crisis (financiera, la pandemia y los populismos), debemos actuar como una auténtica *colla castellera*, un equipo capaz de coordinarse, aprender y volver a levantarse promoviendo una actitud de resiliencia y aprendizaje constante. Necesitamos fuerza para garantizar cohesión y sostenibilidad, equilibrio para mantener la estabilidad, valor para sacar adelante proyectos transformadores y *seny* para actuar con prudencia y planificación.

# 5. Nivel sesión. La fuerza de una alcaldía de proximidad

*El nivel de sesión permite que el diálogo sea posible, continuo y ordenado. En el ámbito municipal, esto se materializa en la alcaldía de proximidad, que garantiza espacios de participación para que la gobernanza no sea un modelo constitucional, sino una construcción compartida con la ciudadanía.*

El sueño de transformar una ciudad no es patrimonio de un solo líder, es el resultado de la ilusión, el esfuerzo y el trabajo compartido. Vilafranca del Penedès es un buen ejemplo de ello: nuestra ciudad ha demostrado que los proyectos políticos pueden salir adelante cuando hay compromiso e implicación de la sociedad civil, de los partidos políticos y de las entidades.

Esta convicción —que la política se construye desde la proximidad y la implicación colectiva— es lo que dio origen al proyecto municipal que nos llevó a la alcaldía. Más adelante, este enfoque nos permitió aplicar un modelo de alcaldía de proximidad que afrontara los retos locales con la posibilidad de replicarlos a escala global.

## El nacimiento del proyecto municipal

El proyecto que nos llevó a la alcaldía no surgió de la nada. De la misma forma que las iniciativas locales pueden replicarse a escala global, también es posible recorrer el camino inverso. Por eso nos inspiramos en experiencias internacionales, como la primera campaña de Barack Obama, basada en el modelo *grassroots*, que hemos comentado anteriormente. Al mismo tiempo, la adaptamos a nuestro contexto, el de una capital situada estratégicamente entre Barcelona y Tarragona, con la mirada puesta en los retos globales, pero con los pies profundamente arraigados en el Penedès, la comarca a la que pertenece Vilafranca.

Así, barrio a barrio, plaza a plaza, construimos una propuesta municipal que no era solo una candidatura, era una manera de hacer política que consistía en escuchar a la ciudadanía directamente y sin filtros, en detectar las necesidades concretas de cada barrio y en plantear propuestas tangibles que, juntas, dieran forma al proyecto de ciudad.

El lema *Força Vilafranca* nos acompañó durante toda la campaña. Con estas palabras queríamos transmitir que la fuerza no es del candidato, es de la comunidad. *Força Vilafranca* nació, pues, como un llamamiento colectivo que quería demostrar que la política municipal, cuando parte de la raíz y suma talentos, puede transformar la realidad.

## Una campaña influida por la analogía de internet

La forma de plantear la campaña fue clave. Basamos la propuesta municipal en la esencia del modelo conceptual de internet, que ya hemos comentado. Si trasladamos la analogía a nuestro proyecto municipal, podemos realizar el ejercicio siguiente:

1. Nivel físico. Consistía en estar presentes en la calle, en llevar a cabo encuentros en cafés y rutas por los barrios para identificar propuestas y sumar personas al proyecto. Con estos espacios de encuentro formales e informales proporcionamos confianza y cercanía.

2. Nivel red. Se compartían proyectos similares entre barrios y se conectaban con iniciativas más transversales o con proyectos motor. Aquí se hacía evidente que cada aportación local podía formar parte de un proyecto de ciudad.

3. Nivel transporte. Era la conexión constante de propuestas, de información y de personas para asegurar que las ideas circularan, se coordinaran y llegaran a los espacios adecuados. Lo que se proponía era tan importante como la forma de hacerlo posible.

4. Nivel aplicación. El programa de gobierno recogía todas las aportaciones en un relato coherente, lo que facilitaba materializar los proyectos.

Esta estructura garantizó que todo el mundo tuviera la opción de participar en la campaña y que las propuestas llegaran a todos los barrios. Además, como recogí en el ensayo *Política 4.0 para millennials*, el modelo tenía puntos de conexión con otras ciudades para funcionar como sistema distribuido capaz de compartir aprendizajes y metodologías con otros municipios.

En definitiva, este sistema se dirige en dirección opuesta a la de los liderazgos autocráticos basados en el populismo y el aislamiento, y apuesta por modelos abiertos, colaborativos y arraigados en el territorio.

Este enfoque también despertó interés más allá del ámbito local. Pocas semanas antes de que el entonces candidato a la presidencia de la Generalidad de Cataluña, Salvador Illa, empezara su campaña electoral, compartimos este modelo con él. Illa ya conocía este trabajo de base y lo consideraba extrapolable a la agenda supramunicipal. Nos encontramos en un entorno muy singular del Penedès, rodeado de viñedos. Fue un encuentro inspirador, sin duda.

## Trabajar a pie de calle: la alcaldía de proximidad

Practicar una alcaldía de proximidad significa entender que cada ciudadano y ciudadana cuenta, y que la política municipal solo tiene sentido si se arraiga en la vida cotidiana. Por eso, esta forma de entender la gobernanza se centra en el contacto directo con el vecindario y las entidades, y sitúa a la ciudadanía en el centro de la acción política.

Su objetivo es impulsar un proyecto colectivo sumando complicidades e incorporando la participación ciudadana. Sea para captar aportaciones en la definición, la ejecución, la modificación o la difusión, todas sus dimensiones deben estar abiertas a la ciudadanía. Solo así multiplicaremos la fuerza de nuestras acciones y su impacto.

Esta voluntad se alinea con el nivel de sesión de la OSI, que se encarga de establecer, mantener y ordenar la comunicación entre los actores. Hay que garantizar que el diálogo existe y que tiene continuidad en el tiempo; por eso el contenido es tan importante como la forma de establecerlo.

La alcaldía de proximidad es, en síntesis, una forma de aplicar el municipalismo que convierte al Ayuntamiento en una institución cercana y accesible, en la que las acciones públicas se convierten realmente en colectivas. En el caso de Vilafranca, esto cristalizó en un gran número de iniciativas, como «¿Tomamos un café?» y «Vamos de ruta».

*«¿Tomamos un café?», una red de escucha*

Los encuentros de «¿Tomamos un café?» son una oportunidad para sentarse con vecinos y vecinas, entidades, empresas e instituciones. Son momentos para escuchar, compartir impresiones y tejer una red en la ciudad que posibilite llevar a cabo iniciativas, un elemento vital en una alcaldía de proximidad.

No es casualidad que en Vilafranca existan empresas de referencia vinculadas al mundo del café con un enfoque de comercio justo y sostenible. El café es un ritual compartido que simboliza la voluntad de encontrarnos, escucharnos y actuar desde la proximidad.

Este esquema es perfectamente extrapolable a escala global a través de las ciudades hermanadas. Al fin y al cabo, todas las ciudades comparten emociones, retos y preocupaciones. Por eso quiero recordar algunos cafés que me han permitido compartir realidades que son universales.

## Un café por la salud emocional y mental

Una tarde, en uno de los barrios más recientes de la ciudad, un gran número de habitantes venidos de otras ciudades y con poca participación en las entidades locales, encontré la terraza de una vivienda en un estado evidente de dejadez. Al llamar a la puerta, me abrió una persona que había sido un profesional de prestigio, pero a quien a duras penas reconocí. Me contó que su único hijo había fallecido y que la vida ya no tenía sentido.

Aquel encuentro me impresionó y me hizo tomar conciencia de una realidad a menudo invisible. Entendí que era necesario impulsar un programa de ciudad centrado en la salud emocional y mental. Desde entonces, hemos participado en un grupo motor de salud mental en Barcelona para avanzar en este ámbito.

Los efectos devastadores de la covid agravaron aún más esta situación. El aislamiento y el miedo impactaron en la salud mental de muchas personas, y dar respuesta a este escenario se ha convertido en una necesidad esencial.

He vivido otras situaciones que me han conmovido profundamente: expresiones de trauma y vacío emocional que esconden heridas muy profundas y que repercuten no solo en las personas afectadas, sino también en sus familias y el vecindario. Establecer vínculos con estas personas es clave para evitar deshumanizarlas y para desactivar los discursos populistas y de odio. Porque las ciudades, si saben escuchar y acompañar, pueden convertirse en el espacio donde se recupera la confianza y vuelve a abrirse un camino de futuro.

## Un café intergeneracional

Una mañana me acerqué a uno de los mercados municipales. Entonces, durante un encuentro con los paradistas, intervino una señora mayor a quien ya había oído otras veces menospreciar la inmigración y a quienes consideraba diferentes. Ese día soltó unos comentarios despectivos que traspasaron los límites del respeto sobre el mercado y las personas que trabajaban en él.

Al volver al despacho, busqué su dirección y, sin pensármelo demasiado, fui a visitarla. Al llamar a la puerta, me abrió, y en silencio la dejó abierta y se adentró en la casa llorando. Allí descubrí la realidad que se escondía tras aquella actitud: vivía sola, sus hijos estaban lejos de la ciudad, no tenía relaciones cercanas y había perdido a su pareja.

A partir de ese episodio impulsamos programas para conectar a la gente mayor con la gente joven y fomentar el envejecimiento activo. La experiencia y el conocimiento de las personas mayores son muy valiosos para los jóvenes y, a su vez, estas relaciones ayudan a reducir la soledad y a reforzar la implicación en la vida comunitaria.

El encuentro me recordó, una vez más, que las ciudades ayudan a reforzar la cohesión social y a convivir con el diferente con respeto. Por eso potenciar las ciudades reduce el riesgo de conflictos. Al fin y al cabo, cuando nos conocemos, aprendemos a respetarnos.

## Un café por la innovación

Como recogía en mi anterior ensayo, *Política 4.0 para millennials*, despertar la vocación pública de los jóvenes y fomentar su implicación es fundamental para orientar las políticas con la mirada de las nuevas generaciones.

De los muchos encuentros que he mantenido con jóvenes, hay uno que muestra especialmente bien cómo las iniciativas locales pueden impactar más allá del ámbito municipal. Las ciudades son el espacio donde se puede detectar y potenciar el talento de los jóvenes, y donde se les puede permitir desarrollarse personal y profesionalmente con unos valores orientados a la comunidad. También son el lugar donde la innovación puede aplicarse directamente a la realidad.

Aquella tarde quedé para tomar un café con un joven investigador universitario que me presentó su proyecto de tesis, centrado en el estudio de las tierras raras, la base para desarrollar tecnologías de última generación, y que tenía dificultades para conseguir apoyo económico y seguir explorando, una situación agravada por los recortes en educación.

A partir de ese encuentro, impulsamos becas financiadas por empresas del territorio y el joven pudo seguir su investigación y publicar sus estudios.

Este fue el primer concurso de ideas que impulsamos para promocionar proyectos que permitan hacer frente a los retos globales desde las ciudades. Compartiendo conocimientos e impulsando la investigación, las ciudades pueden gestionar al máximo sus recursos naturales e influir en los retos globales. En un mundo donde recursos como las tierras raras están en el centro de tensiones y conflictos internacionales, invertir en innovación es apostar por un futuro mejor.

*«Vamos de ruta», rutas compartidas con un objetivo común*

La iniciativa «Vamos de ruta» tiene el objetivo de recorrer en grupo distintos caminos de la ciudad para detectar propuestas de mejora urbanística, generar complicidades, estimular el espíritu crítico y obtener información directa sobre qué es viable y qué no lo es. En definitiva, se trata de andar juntos por la ciudad que queremos construir.

Con «Vamos de ruta» hemos identificado retos y hemos imaginado colectivamente cómo resolverlos, al tiempo que hemos transformado las diagnosis en conversaciones y las conversaciones en complicidades, todo a pie de calle, otra muestra del potencial de la alcaldía de proximidad.

Cabe destacar las rutas que han incorporado la perspectiva feminista o la visión de las personas mayores, de la gente joven y de personas con discapacidad. A menudo, el diseño de los espacios públicos obvia necesidades básicas relacionadas con la seguridad, la movilidad, la iluminación o la distribución de los servicios. Este ejercicio de proximidad nos permitió entender mejor que planificar la ciudad significa también planificar la vida cotidiana de las personas.

Las aportaciones surgidas de estas rutas nos ayudaron a repensar espacios, a detectar puntos oscuros o poco accesibles, a reclamar más zonas verdes y de juego, y a promover un urbanismo más humano.

Las rutas, en definitiva, son un espacio de cocreación. Nos han resultado útiles tanto para explicar y compartir proyectos de ciudad como para hacer llegar nuestra visión del progreso y la cohesión. Cuando caminamos juntos, no solo señalamos lo que hay o lo que falta en un nuevo equipamiento, una plaza rehabilitada o una zona pendiente de transformación, también aprovechamos para transmitir la filosofía que guía cada actuación y la abrimos al debate con la ciudadanía.

«Vamos de ruta» ha sido fundamental para demostrar que los proyectos no nacen de despachos cerrados, sino de una mirada colectiva y dialogada. También ha sido una forma de explicar cómo entendemos el progreso, no solo en términos de crecimiento económico o urbanístico, sino también como un futuro que debe garantizar igualdad de oportunidades, calidad de vida y sostenibilidad. Por último, nos ha recordado que la cohesión social no es automática, es un esfuerzo que hay que cultivar en cada decisión, en cada barrio y en cada proyecto.

## Una alcaldía de proximidad para un modelo global

Como hemos visto, la alcaldía de proximidad no es solo un estilo de gobernar. Es una metodología que implica pisar el terreno para conocer la realidad de cada barrio sin filtros, porque la alcaldía comienza a pie de calle.

Por eso nos hemos comprometido a trasladar el equipo técnico y político del Ayuntamiento periódicamente a cada barrio. Durante estos días salimos del despacho y visitamos entidades, empresas, comercios y centros educativos, y tomamos cafés con vecinos y vecinas. Este contacto directo se complementa con reuniones con las juntas de las asociaciones vecinales, que nos trasladan sus demandas y con las que establecemos un intercambio constante de información.

El momento más intenso llega cuando convocamos un encuentro abierto con todo el vecindario del barrio. El equipo técnico y político escuchamos directamente las inquietudes, sugerencias y necesidades de la ciudadanía, y establecemos un diálogo franco y transparente. Son encuentros que siempre acaban con un aplauso colectivo, una muestra de que, más allá de los desacuerdos o dificultades, el hecho de ser escuchado y escuchar se valora profundamente.

Estas sesiones no son solo para recoger demandas; también suponen asumir un compromiso de retorno. En las visitas posteriores explicamos qué acciones se han emprendido y con qué limitaciones hemos topado. Hacer ese retorno con rigor y claridad es tan importante como escuchar: genera confianza y legitima el trabajo político y técnico. Evidentemente, supone mucho esfuerzo en términos de coordinación transversal, capacidad de gestión y comunicación, pero es la única forma de asegurar que la proximidad sea real y efectiva.

Al igual que internet funciona gracias a la conexión constante entre nodos, la alcaldía de proximidad convierte a los barrios en nodos vivos de la ciudad. La información que recogemos, los proyectos que nacen en ellos y la confianza que se construye pueden interconectarse, aprender unos de otros y replicarse en otras ciudades. Así, la ciudad se convierte no solo en un ejemplo local, también es un nodo dentro de una red global de municipios que practican una gobernanza cercana, compartida y participativa.

La alcaldía de proximidad puede ser también el primer paso para establecer esta red más amplia de ciudades. Bien estructurados, los proyectos de barrio pueden conectarse con otros municipios para compartir recursos, aprender y replicar soluciones.

Para conseguirlo, es necesario capacitar a las ciudades para que generen y validen experiencias locales, además de crear mecanismos de comunicación y colaboración a fin de que estas experiencias se difundan y se adapten. Estos mecanismos pueden tener la forma de *hubs*, o nodos de conexión, espacios físicos y digitales donde la gente puede encontrar información, participar en proyectos y ofrecer recursos y talento, y que permiten trabajar con ciudades lejanas sin perder la raíz local del proyecto. De ahí sale una nueva gobernanza distribuida: decisiones tomadas desde el conocimiento local con un impacto compartido.

En definitiva, si conectamos el municipalismo con los retos globales podemos construir una red de ciudades capaces de liderar cambios sociales, económicos y culturales de gran alcance. Lo que funciona en nuestra ciudad —actualizar espacios públicos, garantizar vivienda digna, impulsar programas de ascensor social o promover iniciativas en red— no es una excepción. Es un modelo perfectamente escalable que permite que las ciudades dejen de ser islas aisladas y que las convierte en partes activas de un sistema global capaz de responder a los grandes retos de nuestro tiempo.

La ciudad es un laboratorio vivo. Las ideas que hemos puesto en práctica pueden convertirse en la semilla de una nueva etapa municipalista, en la que cada ciudad sea a la par espacio de proximidad y nodo de una red internacional de progreso compartido.

Todo el mundo piensa cosas distintas, pero al mismo tiempo estos elementos están interconectados. La alcaldía de proximidad sitúa a la ciudadanía en el centro de la acción política escuchando y trabajando estas conexiones.

## 6. Nivel presentación. Jóvenes, *hubs*, ciudadanía municipalista y tecnología: la ciudad como motor

*El nivel presentación posibilita que la información sea comprensible, usable y compartida entre sistemas diferentes, y las ciudades hoy deben asumir ese mismo papel. Los jóvenes, los* hubs *locales, los* municipaliers *y la tecnología actúan como este nivel que traduce los grandes retos en proyectos concretos, accesibles y arraigados en el territorio. No se trata solo de generar contenido político, sino de darle forma para que llegue a la ciudadanía, y de modo que se pueda entender, adaptar y transformar en acción colectiva.*

Las ciudades que miran al futuro saben que su fuerza nace de la gente y el talento que son capaces de activar. Los jóvenes desempeñan un papel central: aportan mirada crítica, energía y voluntad de transformar. Pero para que este potencial se convierta en acción se necesitan espacios, redes y valores. *Hubs* locales conectados al mundo, *municipaliers* comprometidos con el servicio público, una escuela que forme liderazgos desde la proximidad y una tecnología orientada al bien común pueden convertir las ideas en proyectos reales. Este capítulo defiende una nueva forma de entender el progreso: desde la ciudad, en red, y con las personas en el centro.

## El talento joven, clave del futuro

Las iniciativas de este capítulo, perfectamente replicables a contextos globales, no son proyectos cerrados, sino propuestas vivas que nos permiten reflexionar y buscar otros caminos posibles. Porque lo que transforma es la acción colectiva, vinculada a la realidad y orientada a resultados concretos.

*Trampolín, el sueño de una nueva oportunidad*

La primera vez que saludé a los jóvenes del programa sentí un gran orgullo al ver cómo la ciudad les abría sus puertas, pero también rabia por las injusticias que habían sufrido y responsabilidad por el futuro luminoso que podían tener aquí. Muchos jóvenes llegan a nuestra ciudad huyendo de conflictos, de situaciones de pobreza o de injusticias terribles. A menudo han vivido en contextos en los que el gobierno ha destruido su propio país mientras unos pocos acumulaban la riqueza de todos. Al mirarlos a los ojos, se puede percibir una mezcla de dolor por lo que han dejado atrás y de esperanza, el sueño de una nueva oportunidad.

El programa Trampolín nace para hacer realidad ese sueño. Ofrece formación, acompañamiento y herramientas para que estos jóvenes puedan desarrollar su talento y construir un proyecto de vida. No se trata solo de una segunda oportunidad, sino de reconocer que su talento es también riqueza para la ciudad que los acoge, a la vez que promociona el ascensor social y el talento, además de luchar contra las desigualdades.

Destacado por el trabajo de proximidad y la colaboración interinstitucional, otro de los ejes clave del programa es el apoyo que obtiene de otros jóvenes de la ciudad. Los mentores acompañan a los jóvenes participantes en su camino y se convierten en referentes positivos que los ayudan a orientarse, además de servirles de guía y de inspiración. Mentores y participantes han pasado por situaciones similares, lo que permite que construyan una relación significativa.

El Trampolín es, en definitiva, un claro ejemplo de cómo una ciudad puede convertir la diversidad en oportunidad haciendo red.

*A Punto, el despertar de la vocación pública*

El programa A Punto está pensado para los jóvenes de la ciudad con perfiles vinculados a la tecnología, la sostenibilidad y el emprendimiento que quieren dar su primer paso en el mundo profesional dentro del Ayuntamiento. El objetivo es doble: por un lado, ofrecerles una primera experiencia laboral en un entorno real; por otro, despertar vocaciones públicas y establecer una buena base de valores.

Es una apuesta estratégica para asegurar el relevo generacional en las instituciones y, al mismo tiempo, para formar ciudadanos más conscientes e implicados en la vida colectiva. Muchos de estos jóvenes descubren, gracias al programa, que el trabajo público no es solo gestión administrativa, sino también una poderosa herramienta para transformar la realidad de su entorno, y que aprender a dirigir los servicios públicos es esencial para avanzar.

Trabajar codo con codo con los profesionales del Ayuntamiento les permite conocer de primera mano cómo se toman decisiones, cómo se gestionan los servicios y cómo se pueden impulsar proyectos que mejoren la vida cotidiana de la gente. Además, es una experiencia que les da competencias prácticas y que puede abrirles nuevas puertas en el futuro.

A Punto es una forma de creer en el talento joven, de darles oportunidades y al mismo tiempo fortalecer el vínculo entre las instituciones y la ciudadanía.

### Insight Penedès, la mirada joven y creativa

Como alcalde, impulsé el concurso Insight Penedès con la convicción de que las ideas compartidas son el primer paso para construir proyectos reales. Este concurso es un espacio pensado para poner a la ciudadanía joven en el centro de la respuesta municipal a los retos globales y para que los jóvenes construyan redes, ganen visibilidad y participen activamente en la definición de un futuro más sostenible. La mirada de los jóvenes es esencial para afrontar los grandes desafíos de nuestro tiempo desde la proximidad de la ciudad.

El Ayuntamiento premia a aquellos jóvenes que, tras reflexionar sobre temas relacionados con la Agenda 2030, como la sostenibilidad, la cohesión social, la movilidad o la vivienda, aportan propuestas que se pueden aplicar localmente para mejorar la ciudad y su entorno. Así, Insight

Penedès transforma la crítica y la queja en creatividad y compromiso colectivo.

Insight Penedès es, pues, un instrumento para recoger talento, fomentar la participación joven y abrir caminos nuevos e innovadores que nos ayuden a asegurar un progreso compartido y sostenible.

## Los *hubs* y los *municipaliers*, nodos para reforzar la red global de ciudades

Los retos globales —cambio climático, desigualdades, migraciones— son demasiado para una sola ciudad. Pero, cuando pueblos y ciudades se conectan, su capacidad de respuesta se multiplica. De la misma forma que internet funciona gracias a sus nodos interconectados, el municipalismo puede desplegar todo su potencial si cada ciudad se convierte en un nodo activo de una red global, una suerte de sistema nervioso.

Este verano visité Melzo, una ciudad hermanada con la nuestra desde los años noventa. Juntos habíamos desarrollado proyectos de promoción económica, empleo y voluntariado. El alcalde de aquella ciudad, que estaba a punto de jubilarse, me comentaba cómo las políticas de austeridad y la pandemia habían frenado esa colaboración. Esta experiencia confirma la necesidad de recuperar y reforzar las redes: las ciudades hablamos el mismo idioma.

Aunque el punto de partida sea diferente según se viva en un país occidental, en un territorio en desarrollo o en un contexto de guerra, formar parte de una red de ciudades permite que avancemos juntos. Por eso es tan importante que cada ciudad disponga de un *hub* o nodo propio que actúe como un observatorio de los proyectos globales, un punto de acceso para que ciudadanos y entidades puedan conectarse, una ventana abierta a nuevas iniciativas compartidas.

Imaginemos *hubs* locales, espacios físicos que sean ventanas abiertas al mundo: lugares donde las entidades, los profesionales y la ciudadanía colaboren en proyectos internacionales; espacios para compartir experiencias y buenas prácticas; centros que conecten necesidades locales con soluciones globales.

En este sentido, las oficinas de voluntariado, presentes en muchos municipios, pueden convertirse en *hubs* o nodos de ciudad, espacios abiertos y dinámicos en los que ciudadanos y ciudadanas proponen, impulsan o se suman a proyectos locales e internacionales. Pueden ser puntos de encuentro con ciudades hermanadas, universidades, ONG y el tejido empresarial local. Es posible articular una simbiosis entre el mundo global y el local que permita aprovechar recursos, fortalecer la responsabilidad compartida y crear un valor que no acumulen solo unos pocos, sino que se reparta de forma justa.

La tecnología juega a nuestro favor. Las nuevas herramientas de inteligencia artificial, en especial la IA generativa, pueden acelerar aún más este trabajo en red y ayudarnos a aprender de las experiencias de todo el mundo, identificar buenas prácticas y generar propuestas innovadoras.

Sin embargo, los *hubs* locales solo son sostenibles si tienen un funcionamiento autónomo. No pueden depender exclusivamente de organismos internacionales, vulnerables a liderazgos que quieran debilitarlos o descapitalizarlos. La clave es reforzar la autosuficiencia local y, desde aquí, proyectarla a escala global.

Es aquí donde se hacen indispensables los *municipaliers*, ciudadanos y ciudadanas que desde la proximidad se convierten en motores del cambio para transformar la ciudad en un nodo activo dentro de la red global. Los *municipaliers* no compiten entre ellos, sino que levantan juntos un proyecto común. Como en la metáfora de los *castellers*, con confianza mutua y cordura compartida, cada *municipalier* aporta su grano de arena para construir el *castell*: unos proporcionan fuerza a la piña; otros, el equilibrio de los pisos superiores, y otros, la audacia para coronar la estructura. Los *municipaliers* son esta piña global que, desde cada ciudad, levanta un *castell* colectivo, una construcción que comparte riqueza, oportunidades y esperanzas.

Es necesario que los organismos internacionales refuercen la figura de los *municipaliers* si quieren recuperar su capacidad de acción real y su músculo institucional, a la vez que liberarse de la dependencia de líderes coyunturales. Es necesario dar voz y herramientas a las ciudades y reconocer que, desde la proximidad, pueden transformar la vida de la gente.

Aunque hoy en día existen redes de ciudades, a menudo se limitan a las grandes ciudades y se focalizan en ámbitos muy concretos. Es momento de pensar una red más amplia, transversal y accesible, que sea capaz de conectar ciudades de todos los tamaños y situaciones.

Una posible solución es crear una escuela para el municipalismo que permita potenciar de nuevo los hermanamientos y generar sinergias, además de orientar los proyectos para que afronten retos globales como la sostenibilidad, la desigualdad o las migraciones. Podría ser un espacio para compartir proyectos, buenas prácticas y conocimientos, además de un instrumento para capacitar a los *municipaliers* y sus ciudades.

## La escuela de *municipaliers*. Volver a la esencia de la política

Vivimos en una época en la que la política ha perdido parte de su esencia. La confianza en las instituciones se deteriora y las palabras *servicio público* parecen anticuadas. Desde hace años, cuando hablo con jóvenes, me doy cuenta de que muchos ya no saben muy bien qué significa servir, fruto en muchos casos de las malas gestiones y prácticas políticas que la ciudadanía ha ido sufriendo. Algunos incluso me preguntan por qué hay que pagar impuestos, como si el Estado fuera un ente lejano que solo toma y no devuelve. Y esto es el síntoma de una sociedad que ha perdido la confianza, el espíritu comunitario, la conciencia del bien común y la idea de que las cosas que hacemos juntos siempre son más grandes que las que hacemos solos.

El municipalismo ofrece un camino para revertir esa tendencia. Volver la política a los orígenes, al lugar donde todo comienza: las ciudades, los barrios, las plazas, las personas. Por eso propongo crear la escuela de los *municipaliers*, un espacio para redescubrir la vocación de servicio público, donde aprender a escuchar y comprender antes de actuar, donde formar a líderes que vuelvan a considerar la política una herramienta de transformación y no un instrumento de ascenso personal. Formar a los *municipaliers* es formar a los futuros líderes que gobernarán conociendo la realidad, con empatía y con compromiso cívico. A diferencia de otras escuelas de liderazgo, que a menudo educan en la estrategia o en la comunicación, esta escuela formaría en la práctica de la convivencia y de los valores democráticos.

Los *municipaliers*, pues, nacerían de la experiencia diaria con el vecindario, del contacto con los problemas reales y de la necesidad de ofrecer soluciones prácticas, tangibles y humanas. Por eso, deberían formarse pisando la ciudad, conversando con la gente mayor, con los comerciantes, con los jóvenes, con las entidades; observando cómo se mueve la vida real y cómo se pueden transformar las dificultades en oportunidades.

Esta escuela también debería ser una red internacional en la que ciudades de diferentes países intercambiaran experiencias y proyectos, el gran *hub* del municipalismo global. Los *municipaliers* podrían participar en programas de intercambio y aprendizaje mutuo, en laboratorios urbanos donde compartir buenas prácticas e innovaciones sociales.

La escuela de municipalismo no debería ser solo un espacio de formación política, sino también de regeneración moral y emocional, lejos de las obsesiones de la productividad y de la competición constante, una fábrica de vocaciones públicas para recordar que el servicio es un honor, no una carga. Que la democracia no es solo votar cada cuatro años, sino compartir a diario un pedazo de responsabilidad colectiva. Es necesario volver a poner en el centro el cuidado, la escucha y el acompañamiento como valores políticos. Los liderazgos del futuro —el liderazgo municipalista— deben ejercer el poder desde la humildad y la proximidad, y recuperar el espíritu de la cooperación, la pausa y la reflexión. Porque solo quien conoce la realidad de las calles puede tomar decisiones justas, solo quien ha escuchado puede liderar con conocimiento de causa.

El papel de la escuela sería también el de restablecer la confianza entre instituciones y ciudadanía. Cada vez más, la gente vive la política como una lucha de poder o un espectáculo de confrontación. Los *municipaliers* pondrían de manifiesto que el municipalismo es una revolución silenciosa que no busca grandes proclamas ni poder centralizado. Donde la autocracia construye muros, ellos construirían puertas. Donde el neoliberalismo fomenta la competición, ellos recuperarían la cooperación. Y demostrarían que liderar puede significar unir y no crispar, y que gobernar puede ser sinónimo de educar en valores. Serían puentes entre la gestión y la emoción, entre la tecnología y la humanidad. Líderes que encuentran en la proximidad su fuerza y en la diversidad su inspiración.

De esta escuela no solo saldrían políticos y políticas, también ciudadanos y ciudadanas más conscientes, empresarios y empresarias más comprometidos, docentes más inspiradores, jóvenes más libres.

Volver a educar en el valor de servir es hoy nuestro gran reto. Y si conseguimos que los jóvenes entiendan que la política no es sospechosa, sino necesaria, y que cuidar la ciudad es cuidarnos todos, habremos dado un paso enorme. Entonces sí, podremos decir que ha empezado una nueva era. Una era de *municipaliers*, de líderes con corazón y sentido común, con visión global y raíces locales.

Y tal vez, en unos años, cuando echemos la vista atrás, veremos que el cambio no empezó en un despacho ni en un congreso internacional, sino en una escuela de municipalismo, en una ciudad que decidió volver a creer en la fuerza de la proximidad.

## La tecnología al servicio de la revolución

En ese camino, es muy importante el planteamiento de la tecnología. La revolución digital sigue avanzando y, con ella, la inteligencia artificial y las nuevas tecnologías. Sin embargo, el riesgo es que intereses económicos o políticos reduccionistas vuelvan a capturar estas herramientas. El reto central es orientarlas al bien común y ponerlas al servicio de las personas y la sostenibilidad.

También habrá que estar pendiente de cómo evoluciona la computación cuántica, que paradójicamente puede ofrecer avances a la humanidad o, si queda en pocas manos, agravar aún más las desigualdades. Como ocurre con la inteligencia artificial, las aplicaciones de la tecnología cuántica deberán realizarse en las ciudades, por eso resulta esencial activarnos para compartir el progreso que implicarán.

Algunos ejemplos de la aplicación municipal que permite la tecnología son claros e inspiradores. Por ejemplo, con una energía sostenible compartida las ciudades con excedente solar podrían ayudar a otras con déficit y establecer circuitos de solidaridad energética. Por otra parte, la gestión forestal con sensores IoT permitiría desplegar redes de detección en tiempo real que reaccionaran al instante en caso de incendios y evitar así catástrofes. Y, por último, las plataformas de intercambio de recursos pueden conectar iniciativas públicas y privadas de diferentes ciudades para optimizarlos y generar nuevos proyectos. El reto es evidente, pero la tecnología y la voluntad política pueden hacerlo posible.

La idea clave es aprovechar los *hubs* locales como nodos en los que todo el mundo pueda ofrecer su talento. Un ingeniero, una arquitecta o una agricultora, desde su *hub* en la ciudad, podría participar en un proyecto internacional. Ni siquiera debería desplazarse expresamente hasta allí, los participantes podrían aprovechar un viaje de trabajo o de formación para dedicar tiempo y conocimiento a una iniciativa global. Todo el mundo tiene un talento, y las ciudades pueden ser el espacio desde el que este talento se pone en circulación.

Así, los organismos internacionales que ya trabajan con proyectos basados en los objetivos del desarrollo sostenible —en los que las ciudades tienen un papel cada vez más relevante— podrían acelerarlos y escalarlos. Podemos imaginar una auténtica batería de proyectos de vivienda, comercio local, producción agrícola sostenible o energía verde.

Por ejemplo, aplicando los avances tecnológicos en la prevención de incendios se podrían revertir las problemáticas más comunes que, en un contexto de emergencia climática, lo que provoca que las masas forestales sean más vulnerables, repercuten en la respuesta a los incendios. Con la tecnología se podrían fortalecer las conexiones débiles entre ciudades para compartir recursos preventivos y de extinción, y agilizar la circulación de información y de equipos, que a menudo no es lo suficientemente ágil.

Todos sabemos que la tecnología es un instrumento, pero lo que marca la diferencia es la intención con la que la utilizamos. Cuando se pone al servicio del bien común, se convierte en una palanca de progreso compartido. Cuando queda secuestrada por intereses particulares, solo acelera las desigualdades y la destrucción.

La red tecnológica nos lleva de nuevo a la red de ciudades y la sociedad de la información. La respuesta es clara: debemos actuar en red. Es necesario movilizar recursos locales, compartir conocimiento y establecer proyectos globales desde las ciudades para recuperar el rumbo del progreso sostenible.

Hay que apostar por el talento joven, clave para el futuro de las ciudades; establecer *hubs* locales que permitan hacer red; devolver la confianza en la política a los ciudadanos a través del empuje de los *municipaliers*, y utilizar la tecnología con criterio y mirando al futuro. Los ciudadanos ayudan a dibujar el futuro trazando los caminos a partir de acciones a escala de ciudad.

# 7. Nivel aplicación. Conocer los retos para afrontarlos

*Una ciudad puede destacar en los otros niveles, pero si sus «aplicaciones» —como el comercio local, los servicios públicos o el acceso a una vivienda digna— no funcionan, la ciudad muere, se desconecta. Así pues, el éxito del nivel de aplicación radica en la capacidad de identificar los retos para poder afrontarlos. Solo así, y desde una visión global y compartida, podremos avanzar juntos.*

Mi abuelo Francisco tenía un lema que siempre me ha acompañado: «Las palabras son buenas, pero lo que cuenta son los hechos».

En efecto, las palabras pueden inspirar, pero solo los hechos pueden transformar. Porque lo que transforma de verdad no son los discursos ni las promesas, sino las acciones concretas que responden a necesidades reales. Con demasiada frecuencia, la política queda atrapada en declaraciones y titulares que no llegan a aterrizar en la vida de la gente. Por eso la ventaja del municipalismo, la proximidad, es tan esencial. Las decisiones se toman a pie de calle, en contacto directo con el vecindario, lo que obliga a pasar de los conceptos abstractos a las soluciones tangibles.

Sin embargo, y como hemos visto en capítulos anteriores, antes de implementar las soluciones es igual de importante saber escuchar al vecindario y hacerlo partícipe de la acción política. Esto supone tanto recoger las propuestas que puedan nacer dentro de la ciudadanía como preparar a los líderes municipales del mañana en la escuela de *municipaliers*.

Cuando escribí *Política 4.0 para millennials*, ya puse el foco en los retos de las ciudades. Era esencial identificarlos para sumar fuerzas en clave global. En este nuevo ensayo, esta visión adquiere aún más relevancia: solo las ciudades fuertes, activas e innovadoras pueden conectarse entre sí y construir una red de municipalismo con capacidad de respuesta global. En este último capítulo analizaremos distintos retos desde esta perspectiva.

## Economía: diversificar para resistir

Muchas ciudades han perdido su base productiva y dependen casi únicamente de los servicios y el turismo. Este modelo, aparentemente rentable en tiempos de bonanza, las hace extraordinariamente vulnerables cuando llegan crisis globales. Durante la pandemia de covid, por ejemplo, muchas ciudades no tenían capacidad para fabricar elementos tan esenciales como mascarillas o visores.

Es necesario recuperar una economía diversificada y arraigada en el territorio, que sea capaz de resistir las tormentas globales.

Una economía así se fundamenta en tres pilares: una industria sostenible y adaptada al entorno, capaz de generar empleo de calidad y de reducir la dependencia exterior; sectores locales que aporten valor añadido, conectados con la identidad y los recursos del territorio, y conexión con el mundo global, pero sin perder las raíces ni caer en la dependencia total.

Una ciudad con una economía diversificada es como un árbol con buenas raíces: puede crecer fuerte y resistir mejor los embates del tiempo. Sin embargo, cuando la diversificación se pierde, la economía se transforma en una hoja a merced del viento: se pierden oportunidades y es más vulnerable cuando aparecen nuevas crisis. Y, una vez más, la ciudadanía es quien más sufre sus consecuencias.

La globalización —como el modelo de internet en su origen— tenía que servir para entendernos mejor a escala global. Pero esto no significaba renunciar a las raíces. El mundo, considerado una red de ciudades, es la suma de aportaciones locales, cada una con su singularidad y sus recursos. Tal y como nos recuerda un famoso cantautor, «quien pierde los orígenes, pierde la identidad», y añado: si se pierde la identidad, no hay aportación posible al conjunto.

En este ámbito, defiendo que las ciudades deben tender a la autosuficiencia en recursos y a redimensionar sectores para recuperar una industria propia. Solo así podremos disponer de una economía diversificada fuerte, que aporte buenos frutos y se conecte al mundo con identidad propia.

Si volvemos a la metáfora de los niveles de internet, para dar respuesta a este reto es necesario:

- Un buen planeamiento urbano que dé espacio a la industria y a los sectores productivos diversificados (nivel físico).
- Establecer conexiones con otras ciudades y sectores compartiendo estándares y proyectos (nivel red).
- Asegurar la movilidad de productos, servicios e ideas con criterios de sostenibilidad (nivel transporte).
- Llevar a cabo iniciativas concretas guiadas por los objetivos de desarrollo sostenible (nivel aplicación).

Este modelo de promoción económica, basado en la diversificación y adaptación a la realidad del territorio, aporta resiliencia a la vista de futuras crisis. Cuando un sector sufre, los demás pueden compensar su impacto. Desde esta base, se puede construir una red de ciudades más fuertes y sostenibles, capaces de asegurar un crecimiento económico que ponga a las personas y al planeta en el centro.

## Comercio: alma e identidad de la ciudad

El comercio local no es solo un intercambio económico: es vida en la calle, cohesión social e identidad colectiva. Cada tienda es un punto de encuentro, un espacio de confianza y, con frecuencia, un reflejo del talento y la historia del territorio. Sin comercio local, las ciudades pierden alma.

El gran reto es competir con el comercio en línea globalizado, que ofrece rapidez y comodidad, pero que a menudo genera efectos colaterales, como concentración de poder en pocas empresas, un peso logístico alejado de la sostenibilidad y una homogeneización que borra las singularidades locales. Los más jóvenes, especialmente, han incorporado con naturalidad el modelo digital: pueden disfrutar del trato personalizado en la tienda, pero después terminan comprando con un clic.

El futuro del comercio pasa por combinar lo mejor de los dos mundos: la proximidad de la tienda física y la capacidad de conexión global de las plataformas digitales. Esto puede conseguirse a través de tres líneas de acción:

- Reforzar la singularidad de los productos locales, poniendo en valor su historia y autenticidad.
- Crear redes de comercios entre ciudades para que los productos de proximidad lleguen a todas partes sin perder su identidad.
- Utilizar la tecnología para sumar, no para sustituir, añadiendo canales digitales que fortalezcan el comercio de proximidad en lugar de desplazarlo. Imaginemos, por ejemplo, un proyecto de red de comercios locales: vives en una ciudad italiana y quieres comprar mermelada de tu ciu-

dad natal. Podrías ir a la tienda local de Italia, que tendría acceso a estos productos singulares gracias a una red de ciudades interconectadas. La logística podría ser más sostenible, e incluso aprovechar desplazamientos cotidianos de los propios ciudadanos.

Además, la actividad económica puede aumentar la cohesión social si, por ejemplo, con cada compra, una parte de los ingresos se destina a proyectos sin ánimo de lucro de la propia ciudad.

Es posible imaginar un comercio arraigado en la vida cotidiana de las ciudades y, al mismo tiempo, con visión global. Un comercio que utilice la tecnología no para despersonalizar, sino para fortalecer la proximidad.

En definitiva, el comercio local no es nostalgia del pasado, es apuesta de futuro. Es el tejido vivo que da alma e identidad a las ciudades. Y solo si sabemos fortalecerlo y conectarlo podremos asegurar un futuro realmente sostenible y compartido.

## Cohesión social y migraciones: la diversidad como oportunidad

La historia de la humanidad es la historia de la migración. Las personas siempre se han movido en busca de nuevas oportunidades. Ciudades que hoy admiramos por su dinamismo y su creatividad son, en realidad, el resultado de siglos de mezcla cultural, lugares en los que la diversidad ha sido motor de talento y de innovación.

Hoy, el reto es evitar utilizar la migración como excusa para generar desigualdades o discursos de odio. La mejor respuesta no es el aislamiento, sino un municipalismo activo, capaz de gestionar la diversidad y convertirla en fuerza colectiva. Esto no es un discurso abstracto. Consiste, muy concretamente, en:

- Disponer de espacios públicos cuidados y compartidos, donde la convivencia se haga tangible.
- Lanzar programas que garanticen la igualdad de oportunidades y el ascensor social.

- Implementar políticas que hagan sentir a la ciudadanía que forma parte de la misma comunidad.

Un barrio en el que conviven personas de orígenes distintos puede ser una fuente de conflictos... o una escuela de talento y convivencia. Todo depende de cómo se gestione. Por experiencia propia, sé que crecer en un barrio cruce de culturas deja una huella vital y profesional imborrable. Es un maridaje que impulsa el talento y enseña a mirar la vida desde perspectivas diferentes.

La migración es tan natural como respirar, pero en la era actual algunos dirigentes la instrumentalizan para preservar privilegios y desviar la atención de los verdaderos problemas. En un contexto en el que el ascensor social se ha bloqueado y la ciudadanía ha perdido poder adquisitivo, estos líderes alimentan la desigualdad y la convierten en su fuerza política. Pero no podemos olvidar que muchas de las figuras que hoy admiramos son fruto de la migración: la familia de Biden, expresidente de Estados

Unidos, proviene de Escocia, el papa Francisco tiene raíces italianas, y basta con mirar a nuestro vecindario o a los deportistas que seguimos para ver que la diversidad es parte de nuestro día a día.

La autocrítica también es necesaria. Las políticas de austeridad radical que se practicaron a partir de la crisis financiera de 2008 paralizaron el progreso compartido y prepararon el terreno para la era de liderazgos populistas y excluyentes.

La clave es que, a escala local, es más viable gestionar la diversidad. Desde las calles y plazas de nuestras ciudades podemos poner al día el espacio público, reforzar programas de ascensor social y evitar la fractura entre los barrios «de primera y de segunda». Cuando los vecinos comparten un espacio común y unas reglas claras, la convivencia es posible y enriquecedora.

Este planteamiento es escalable: si funciona a escala de barrio o ciudad, también puede funcionar entre países y regiones. Por eso es tan importante reforzar el lenguaje universal del municipalismo, capaz de convertir la diversidad en motor y no en amenaza.

Las únicas barreras reales son las que levanta la ambición individual de algunos líderes. El municipalismo, en cambio, apuesta por conectar barrios y ciudades —el nivel físico y el de red— y vincularlos a motores económicos, comerciales y culturales, impulsando iniciativas públicas y privadas que garanticen el rumbo marcado por los objetivos de desarrollo sostenible y la agenda de sostenibilidad.

En definitiva, la diversidad no es un problema a resolver, sino una oportunidad para recuperar el ascensor social y construir comunidades más fuertes y resilientes. Las ciudades que la entienden como una oportunidad son las que abren camino al futuro.

## Igualdad: avanzar sin dejar a nadie atrás

Una sociedad solo avanza de verdad cuando lo hace en bloque. Las brechas —entre hombres y mujeres, entre jóvenes y ancianos, entre personas conectadas y desconectadas digitalmente—no son solo injusticias individuales, son obstáculos colectivos que frenan el progreso.

Los municipios tienen un papel clave en esta tarea, porque son el espacio más cercano a la realidad de las personas y donde las políticas pueden tener un impacto más directo. Las ciudades pueden impulsar:

- Programas de apoyo a la inserción laboral femenina y juvenil, que garanticen oportunidades reales.
- Talleres y formación para reducir la brecha digital en las personas mayores, para que nadie quede excluido del mundo actual.
- Políticas de conciliación familiar que permitan compaginar trabajo y vida personal, porque la igualdad de oportunidades solo es real si todo el mundo puede cuidar y ser cuidado.
- El talento transversal, que reconoce que todo el mundo tiene algo que aportar a la comunidad.

El municipalismo, por definición, nos obliga a mirar a todos a los ojos y confirmar que nadie queda atrás. No podemos permitir barrios de primera y barrios de segunda, ni ciudadanos con plenos derechos y otros con derechos recortados.

La brecha salarial entre hombres y mujeres, la brecha laboral y de futuro que afecta a los más jóvenes, la brecha digital que margina a los mayores y la brecha invisible de la conciliación, que todavía recae sobre todo en las mujeres, y que limita su desarrollo profesional y personal, son caras de una misma moneda: la desigualdad estructural. El crecimiento compartido solo es posible si se reducen progresivamente estas desigualdades. Como demostró el modelo *grassroots* durante la campaña de Obama, solo avanzaremos si cultivamos el talento desde la base, dando voz y oportunidades a todo el mundo, y utilizando la tecnología para unir y no para separar.

Esta promoción y valoración transversal del talento es la mejor política de igualdad y la mejor inversión de futuro. Porque la igualdad no es un añadido, es la condición imprescindible para avanzar juntos como comunidad.

## Vivienda: la base de la vida digna

El acceso a la vivienda es uno de los grandes retos del siglo XXI. El precio elevado y la escasez de alquiler asequible amenazan la cohesión social y bloquean el ascensor social. Un techo digno no es solo un derecho básico, es el nivel físico sobre el que se construyen todos los demás niveles de la vida urbana. Sin vivienda, el resto de oportunidades —educación, trabajo, salud, participación— se vuelven inaccesibles.

Las ciudades deben asumir el liderazgo con un nuevo enfoque:

- Rehabilitar el parque existente para hacerlo más eficiente y sostenible.
- Ampliar el parque público de alquiler asequible para garantizar alternativas reales a las clases medias y trabajadoras.

- Promover iniciativas intergeneracionales y proyectos de convivencia que refuercen la cohesión social y el uso compartido de espacios.

Estos días vemos cómo algunos liderazgos populistas vuelven a defender la construcción masiva de viviendas, como años atrás, intentando aplicar una solución simple a un problema complejo. Como en el pasado, el remedio no es construir por construir, lo que es necesario es una apuesta clara por el alquiler asequible y la planificación sostenible. De lo contrario, solo aquellos con patrimonio familiar podrán acceder a una vivienda, y eso deja a una parte de la ciudadanía especialmente vulnerable en un contexto amenazado por fenómenos climáticos extremos y en un mundo cada vez más desigual.

La construcción indiscriminada de viviendas, sin objetivo comunitario, no resuelve el problema, solo inunda el mercado de viviendas a precios inasumibles para la mayoría. Limitar el acceso a la vivienda a unos pocos privilegiados condena a barrios enteros a reproducir desigualdades.

Es necesario aprender de la experiencia de los barrios más humildes, que históricamente han ejercido de espacios de acogida, e impulsar políticas de rehabilitación, iniciativas intergeneracionales y nuevas fórmulas de vivienda que afronten este reto con visión de futuro. Como decíamos en otros capítulos, podemos inspirarnos en la arquitectura de internet como modelo de referencia universal para establecer un planeamiento urbanístico que sirva para cualquier ciudad y pueblo, un modelo que posibilite un crecimiento sostenible, equilibrado y acompañado de servicios.

Antes de ser alcalde fui concejal de urbanismo, lo que dio aún más sentido a una convicción: una buena planificación urbana es la clave para garantizar el derecho a la vivienda y un progreso social compartido.

## Cultura: memoria y futuro

La cultura no es un lujo, es una necesidad vital. Es nuestra memoria compartida, la que nos ayuda a conocer la historia y a evitar repetir los errores del pasado. Pero, al mismo tiempo, también es futuro: una herramienta de diálogo, cooperación y creación de confianza entre comunidades.

Por eso es tan importante aprender de la experiencia de las personas mayores, que son un valor en la sociedad que queremos construir. Deben facilitarse espacios de encuentro intergeneracional en varios formatos para aprender de generaciones anteriores, que han vivido contextos políticos y sociales muy distintos. Como contaba en *Política 4.0 para millennials*, podemos buscar apoyo en sus conocimientos y experiencias, en sus derrotas y victorias, porque mirar atrás ayuda a ir hacia adelante. Ahora que desde algunos sectores se cuestiona la democracia, la necesidad de escucharlos es más crítica que nunca.

La cultura y los proyectos culturales, especialmente si son compartidos entre ciudades, son herramientas muy poderosas que permiten:

- Combatir discursos populistas, que a menudo se alimentan de la ignorancia y del miedo.
- Reforzar valores de solidaridad y respeto, haciendo visibles las voces y las historias de todo el mundo.
- Sembrar confianza entre pueblos y naciones, porque nos recuerdan que compartimos un patrimonio humano más allá de fronteras y diferencias.

El trabajo municipal en red permite poner en valor la riqueza cultural de cada ciudad porque reconoce la diversidad y permite superar las barreras que algunos quieren imponer para incrementar la división. El hermanamiento entre ciudades, con realidades sociales y económicas distintas, es una herramienta extraordinaria para reforzar vínculos y proyectar al mundo valores de cooperación, solidaridad y progreso compartido.

Puede parecer ingenuo, pero desde el conocimiento mutuo y la cultura compartida podríamos incluso evitar conflictos y actuar como árbitros para detener a dirigentes radicales con intereses individuales. Es la gente quien sufre sus consecuencias, a menudo con sus vidas. Por eso es necesario demostrar que la convivencia no solo es posible, sino real.

Este es el mensaje esencial. La cultura puede convertirse en el lenguaje universal de las ciudades, un lenguaje que no conoce fronteras, capaz de conectar personas o comunidades. La cultura, a diferencia de algunos liderazgos políticos egoístas y destructivos, no divide; por el contrario, ofrece la posibilidad de construir un futuro en común, arraigado en la memoria, la cooperación y la humanidad.

Todos estos retos (economía, comercio, cohesión, igualdad, vivienda y cultura) forman un sistema interconectado, como los niveles de internet.

Una economía diversificada facilita un comercio local fuerte, un comercio vivo fortalece la cohesión social, una sociedad cohesionada reduce desigualdades y una comunidad más igualitaria puede afrontar mejor el reto de la vivienda. Todo ello cosido con un hilo conductor, la cultura, que da sentido e identidad a la acción colectiva.

Ninguno de estos retos puede resolverse de forma aislada. Como en la tecnología, si falla un nivel, todo el sistema se resiente. Por eso es necesario actuar de manera integral, conectando políticas y personas, y transformando los grandes retos globales en soluciones concretas.

Los retos de las ciudades —economía, comercio, cohesión, igualdad, vivienda y cultura— forman un sistema interconectado. Solo si los abordamos como una red de personas conectadas, de forma integrada y con mirada municipalista, podremos construir comunidades fuertes, resilientes y sostenibles.

# Consideraciones finales. La fuerza de las ciudades

Los *castells* son una obra colectiva: nadie puede decir que es su único autor. Cada uno es el resultado de una piña en la que todo el mundo tiene un papel imprescindible. Lo mismo ocurre con las ciudades de todo el planeta: el futuro no será fruto de un líder solitario, sino de una comunidad que decide trabajar en red.

Así como nuestra ciudad ha sabido levantar *castells* que parecían imposibles, las ciudades también pueden levantar un nuevo modelo de sociedad. Como en los *castells*, este modelo debe nacer de abajo a arriba, estar arraigado en la realidad de calles y plazas, y no residir en estructuras que vayan en sentido contrario.

La arquitectura de internet también nació con esta visión de sumar diferencias y conectar realidades distintas para generar beneficios colectivos. Para toda una generación, fue una ventana de esperanza y de herramientas globales que ponían en valor la conexión y la colaboración, demostrando que la cooperación podía ser más poderosa que cualquier centro de poder aislado. Las ciudades, entendidas como nodos interconectados, son capaces de resistir crisis, de innovar y de poner en común soluciones locales con impacto global.

El municipalismo, contrario a eslóganes y titulares (que tienen como resultado una sociedad más fragmentada y vulnerable) y a los discursos simplistas y de corto plazo, orientados al beneficio económico inmediato (lo que a menudo supone hipotecar el futuro de las generaciones futuras y del planeta), es la herramienta para reconstruir este *castell* colectivo. Uno que convierte la proximidad en progreso, que conecta la realidad local con los retos globales, y que es replicable en cualquier municipio.

Si sabemos recuperar la fuerza de la cohesión, el equilibrio de la planificación, el valor de la transformación y el *seny* de la prudencia, podremos levantar un futuro más justo, sostenible y compartido. Para conseguirlo, es necesario situar en primer plano tres verbos que resumen la esencia del municipalismo: *escuchar*, *actuar* y *avanzar*. Escuchar a la ciudadanía y a las entidades, actuar con proyectos tangibles que respondan a necesidades reales y avanzar transformando la vida cotidiana en un motor de progreso compartido.

El motor de este progreso pueden ser iniciativas vinculadas a la esencia del municipalismo y que, como hemos comentado, permitirían poner de nuevo en marcha el ascensor social, pensar cómo detener la destrucción del planeta y motivar a más jóvenes a participar en proyectos públicos. En resumen, transformarían la vida de la gente desde abajo, con proximidad y aprovechando la mirada abierta al mundo que nos ofrece la potencia de las tecnologías.

Si hay una salida posible al momento que vivimos, es recuperar la conciencia de que los recursos son limitados y que solo compartiéndolos podremos avanzar juntos. Porque nadie es imprescindible, todo el mundo tiene un talento único e irrenunciable. Estos años de alcaldía he aprendido que es necesario despertar el talento de todas las personas, independientemente de su situación económica, cultural o religiosa. Todo el mundo tiene un potencial y es necesario poner las herramientas para que pueda desplegarse. La convivencia de estos talentos, cuando se canaliza a través de entidades, asociaciones e iniciativas locales, nos aleja del egoísmo y de la lógica del beneficio a cualquier precio, y nos orienta hacia un modelo de progreso más justo y respetuoso con el planeta.

En un mundo marcado por las desigualdades y los discursos fragmentadores, la fuerza de las ciudades es un contrapunto de esperanza que permite reforzar la democracia y poner límites al egoísmo. Y esa fuerza, como hemos visto, no se basa en grandes discursos, sino en acciones concretas y compartidas. No se trata de ganar solos, sino de avanzar juntos.

Llegamos al final de ese ensayo con la voluntad de sembrar reflexiones que no solo nacen de mi experiencia vital y profesional, también del viaje compartido con equipos y personas. Escribirlo ha sido una forma de poner en común ideas que pueden ayudarnos a volver a pensar nuestro camino. Si en *Política 4.0 para millennials* el énfasis estaba en el papel de las ciudades, hoy el reto es iniciar una nueva era alejada del individualismo y de la lógica del beneficio a cualquier precio, que solo lleva a la destrucción del planeta y de nuestra esencia comunitaria.

Pero queda abierta una ventana de esperanza: la que surge de la fuerza de las ciudades.

# Epílogo

Mientras escribo estas líneas, el mundo sigue viviendo momentos difíciles. Las noticias anuncian conflictos, discursos que dividen, desastres climáticos y desigualdades. Es fácil caer en el desánimo.

Pero he aprendido que las ciudades ofrecen siempre otra mirada. En cada barrio hay personas que ayudan, en cada plaza hay voces que reclaman un futuro más justo, en cada escuela hay niños que nos recuerdan que todavía merece la pena soñar. De ahí nace la fuerza del municipalismo: de la vida cotidiana y de una esperanza que no se apaga.

El reto es transformar esa esperanza en hechos. Poner al día nuestras calles y plazas, asegurar vivienda digna, abrir oportunidades al talento joven, compartir conocimiento con otras ciudades. Hacerlo con los valores que nos enseñan los *castells*: fuerza para sostenernos, equilibrio para avanzar con paso firme, valor para atrevernos a cambiar y *seny* para no perder nunca el norte.

El futuro no está escrito. El futuro es un *castell* que todavía tenemos que levantar. Y solo podremos hacerlo si todos ponemos las manos, el esfuerzo y el corazón. Juntos, como una piña, es cuando de verdad podemos tocar el cielo.

# Agradecimientos

A los vecinos y vecinas de Vilafranca, motor de mi vocación municipal y razón de ser de este proyecto.

A los equipos municipales, los profesionales y los concejales y concejalas del Ayuntamiento de Vilafranca del Penedès, con quienes he compartido responsabilidad, compromiso e ilusión de servicio. Gracias también a mi agrupación, que me ha ayudado a impulsar el proyecto municipalista.

A mis compañeros y compañeras de IBM, que han enriquecido mi experiencia profesional y me han aportado visiones diferentes y valiosas.

A las amistades que han sido compañeras de viaje y que han aligerado el camino. Gracias especialmente a Maria y a Àngel, que me animaron a escribir este ensayo.

A mi familia, a mis padres, y sobre todo a Montse, a Anna y a Marta, que son mi fuerza y mi apoyo constante.

Al equipo de Abacus y a Ernest, por haber conducido el proyecto por el mejor camino.

Y, por encima de todo, a las ciudades: su capacidad de cohesión, de innovación y de solidaridad es la esperanza para un futuro mejor y más justo.

La fuerza colectiva es la que nos permite empezar a escribir una nueva era. ¡Vamos!